© 2019 Connor Boyack
Alle Rechte vorbehalten.

ISBN 978-1-943521-36-4

Die Tuttle-Zwillinge auf der Suche nach Atlas

Covergestaltung: Elijah Stanfield
Herausgeber und Satz: Connor Boyack
Deutsche Übersetzung: Enno Samp
Lektorat: Svenja Busse

Gedruckt bei flyerheaven.de

Ayn Rand gewidmet,

die zahllose Leser zu provokativem
Denken ermutigt hat

„Schau mal!" rief Emily und zeigte auf das große Zirkuszelt, das gerade von einem Zug geladen wurde.

„Ich freue mich schon so sehr darauf, ein Clown zu sein!" sagte Ethan mit einem lauten Lachen.

Die Zwillinge hatten bei einem Radio-Wettbewerb einen Gastauftritt als Clowns im Zirkus gewonnen.

ATLAS

DER STARKE

Auf dem Weg zu dem Wohnwagen, den die sie für ihre Zeit beim Zirkus beziehen durften, zeigte Mrs. Tuttle auf ein Plakat und sagte: „Schaut euch mal diesen Muskelmann an."

„Atlas der Starke", las Ethan. „Schaut mal, was für schwere Dinge er heben kann!"

„Kein Problem – das kann ich auch!" antwortete Mr. Tuttle und spannte seine Muskeln an.

„Aber nur im Traum", sagte Mrs. Tuttle und knuffte ihren Mann liebevoll. „Ich schätze, dass Atlas etwas mehr Zeit im Fitnessstudio verbracht hat als du."

Ein Clown kam in einem winzigen Auto angefahren. „Herzlich willkommen! Mein Name ist Kroogie", sagte er zur Familie Tuttle. „Ihr seid wohl unsere neuen Spezial-Mitarbeiter. Kommt mit, wir haben euch schon erwartet."

Sie fuhren zwischen Wohnwagen und Zelten hindurch. Dabei kamen sie an ein paar Akrobaten vorbei, die Karten spielten, und sie sahen einen Clown beim Mittagsschläfchen.

„Das kann doch nicht wahr sein!" rief plötzlich der Zirkusdirektor aus der Ferne. Alle Artisten umringten ihn, um zu sehen, was los war.

„Nach allem, was ich für ihn getan habe, ist er einfach gegangen", sagte der Zirkusdirektor. Er zeigte ihnen den Zettel, den Atlas hinterlassen hatte, auf dem nur stand: „Ich kündige!"

„Anscheinend hast du von ihm doch zu viel verlangt, immer noch mehr Dinge auf einmal zu heben", kicherte einer der Clowns.

„Ihm einfach seine Gage zu kürzen, hat offensichtlich auch nicht gerade geholfen", ergänzte ein anderer Clown.

Der Zirkusdirektor blickte ihn zornig an. Er war sichtlich verärgert über Atlas' Kündigung.

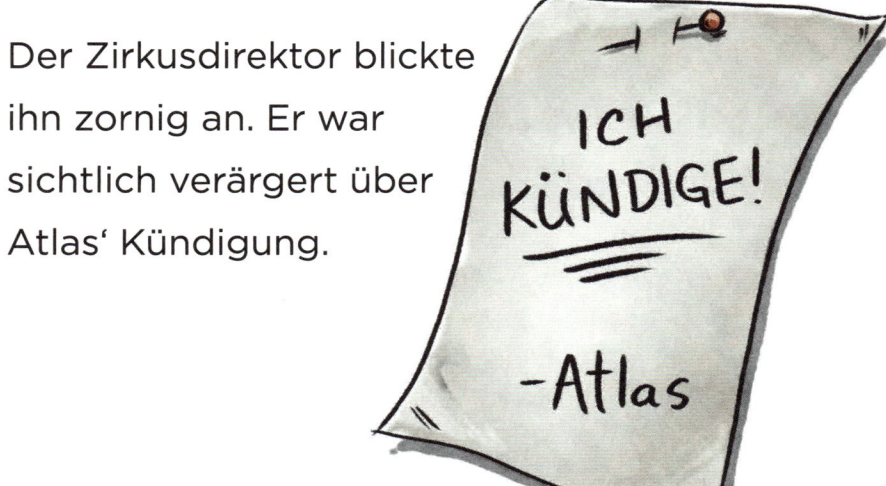

„Ach was! Wir brauchen Atlas gar nicht", meinte ein anderer. „Er ist nichts Besonderes, sondern auch nur ein Mensch wie jeder andere. Warum sollte er eine Extrawurst bekommen?"

„Außerdem war er ein Niemand, als er bei uns anfing. Erst der Zirkus hat ihn zu dem gemacht, der er heute ist", sagte Kroogie. „Er hätte nicht so egoistisch sein sollen."

Den Zwillingen gefiel das Training mit den Clowns. Auch wenn der Zirkusdirektor weiter sehr verärgert war, hatten sie viel Spaß beim Herumalbern.

Ethan und Emily lernten zu jonglieren und sogar zu schauspielern. Außerdem lernten sie auch ein paar Zaubertricks, zum Beispiel ein Stoffkaninchen aus dem Hut zu zaubern.

Ethan und Emily waren begeistert, jetzt ein kleiner Teil eines großen Zirkus zu sein. Und es gefiel ihnen so gut, neue Tricks und Fertigkeiten zu erlernen.

Am Abend trafen sich alle Artisten zu einer Versammlung. Einige von ihnen waren besorgt darüber, dass der Zirkus ohne seine Hauptattraktion Schwierigkeiten haben würde.

„Vielleicht gibt es unseren Zirkus bald gar nicht mehr", sagte ein Zwerg, der auf einer großen Kiste stand. Die Zwillinge erkannten ihn von den Plakaten. Das war der Stuntman Cannonball. „Atlas war nun mal unser Star. Und jetzt ist er weg."

Der Zirkusdirektor stieg auf die Kiste. „Das spielt keine Rolle", sagte er. „Ich bin hier verantwortlich, und wir werden den Zirkus auch ohne Atlas gemeinsam am Laufen halten."

Anschließend kündigte er einige Veränderungen an. Dazu gehörte eine Parade in der Stadt, die am nächsten Tag stattfinden sollte, um Werbung für den Zirkus zu machen.

Die Zwillinge liefen zusammen mit den Clowns bei der Parade mit und schlugen Räder. Sie winkten ihren Eltern zu, als sie bei ihnen vorbeikamen. Mama und Papa winkten zurück und fotografierten die Zwillinge.

„Wo ist Atlas?" rief ein Mann, der neben Mrs. Tuttle stand. „Ich will Atlas sehen!" Einige andere murmelten zustimmend.

Dem Zirkusdirektor fiel das Lachen schwer. Mit einem Peitschenhieb brachte er den Löwen dazu, sich in seinem Käfig zu bewegen, um die Aufmerksamkeit der Menge auf ihn zu lenken.

Einige Clowns wurden mutlos und auch etwas neidisch, als sie hörten, wie die Leute nach Atlas riefen.

Schließlich war der Tag der ersten Aufführung gekommen. Aber die Vorbereitungen waren noch gar nicht abgeschlossen.

„Beeilt euch!" schrie der Zirkusdirektor in sein Megafon. „Wir haben nur noch ganz wenig Zeit!"

Das Aufbau-Team hatte Schwierigkeiten, die großen Pfeiler des Zeltes zu befestigen. Sonst hatte Atlas immer geholfen. Aber jetzt war er ja nicht mehr da.

Cannonball bat um Hilfe bei der Fütterung der Tiere. Für ihn allein war es zu viel. Aber niemand beachtete ihn. Atlas hatte immer gerne mit angepackt, bis alle Tiere gut versorgt waren.

Die Akrobaten hatten Mühe, mit dem schweren Hochseil nach oben zu klettern. Weil Atlas ihnen nicht mehr half, mussten sie es nun alleine schaffen. Das war sehr anstrengend.

Als sich die Ränge allmählich füllten, wurden die Zwillinge aufgeregt und etwas nervös. Sie fragten sich, ob die Aufführung heute wohl eher ein Erfolg oder ein Reinfall werden würde.

Die Scheinwerfer leuchteten auf und laute Musik brachte das Publikum in Stimmung, bevor der Zirkusdirektor alle beim „fantastischsten Zirkus der ganzen Stadt" begrüßte.

Das war das Stichwort für den Auftritt der Clowns. Zusammen mit ihren kostümierten Freunden zeigten die Zwillinge in der Manege ihre Zaubertricks und Jonglierkünste. Was für ein Vergnügen!

Dank des vielen Trainings waren sie gut vorbereitet. Doch da kam Ethan ein Gedanke: Es war gar nicht so schwer, ein Clown zu sein. Vielmehr war es sogar ziemlich leicht und es machte einen riesigen Spaß!

Einige der anderen Nummern funktionierten weniger gut. Einer der Akrobaten rutschte ab und fiel ins Netz. Der Grund war, dass seine Muskeln vom anstrengenden Aufbau noch immer ermüdet waren.

Die Tiere waren gereizt, weil sie hungrig waren. Daher gehorchten sie nicht wie sonst, und sie zeigten nicht alle Tricks in der gewohnten Weise.

Einige Menschen im Publikum gingen bereits, bevor die Show zu Ende war.

„Daran ist nur Atlas schuld, weil er so ein Egoist ist!" sagte der Zirkusdirektor nach der Aufführung und schlug mit der Faust auf den Tisch.

Die meisten Clowns wirkten nervös. „Das waren heute Abend nur dumme Zufälle", sagte Kroogie beruhigend. „Morgen Abend wird sicher alles wie üblich bestens laufen."

„Wirklich?" fragte Cannonball. „Da bin ich mir nicht so sicher. Wir haben die enorme Leistung von Atlas immer als selbstverständlich hingenommen. Unser Zirkus lebt aber von seiner Stärke. Und seinetwegen verkaufen wir die meisten Eintrittskarten."

„Blödsinn", antwortete der Zirkusdirektor. „Der Zirkus lebt von uns allen zusammen. Das Publikum möchte jeden von uns sehen, nicht nur Atlas. Wir sind alle gleich wichtig."

Der Zirkusdirektor und Cannonball hatten beide gute Argumente. Ethan und Emily fiel es schwer zu entscheiden, wer von beiden Recht hatte.

„Er ist nur einer von vielen", sagte Kroogie abschließend. „Aber die Show ist so viel mehr als er. Lasst uns jetzt zu Bett gehen. Morgen früh ist wieder Probe."

„Was ist denn das?" fragte Emily am nächsten Morgen und zeigte auf eine gepolsterte Bank, auf der Kroogie saß.

„Och, das ist die Massagebank für Atlas", antwortete Kroogie. „Aber wir haben den Zirkusdirektor überzeugt, dass wir nun die Massagen bekommen, wo Atlas nicht mehr da ist."

„Damit bekommen wir endlich die Extras, die wir schon lange wollten!" ergänzte ein anderer Clown. „Ihr könnt vor der Show heute Abend auch eine Massage bekommen, wenn ihr mögt."

„Und das Essen ist fantastisch!" meinte ein anderer. „Ohne Atlas bekommen wir alle etwas von dem tollen Essen, das es bisher nur für ihn gab."

„Bisher wurde nur Atlas verwöhnt", sagte ein anderer. „Jetzt wir alle!"

Ethan wunderte sich, warum Atlas wohl all diese Sonderbehandlungen bekommen hatte.

Die Clowns genossen diese neuen Extras sichtlich. Aber es schien, dass sie sich weniger anstrengten als andere. Sie machten sich auch keine Gedanken, dass der Zirkus ohne Atlas vielleicht aufgeben müsste.

Während einer Pause beobachteten Ethan und Emily, wie der Elefant zur Klaviermusik tanzte.

„Wollt ihr ihm mal ein Leckerli geben?" fragte der Musiker, der mit einem starken Akzent sprach. Und er reichte Ethan einige Erdnüsse.

Emily lächelte, als der Elefant mit seinem langen Rüssel vorsichtig die Erdnüsse aus Ethans Hand nahm.

Die Zwillinge bemerkten, wie der Zirkusdirektor mit dem Koch und dem Masseur aus seinem Zelt kam. Es sah aus, als würden sie den Zirkus verlassen. Aber man brauchte sie doch! Es schien außerdem, dass sich die Clowns über den Zirkusdirektor ärgerten.

„Die Karten verkaufen sich nicht gut im Moment", erklärte der Zirkusdirektor. „Wir müssen daher Kosten einsparen und auf einige Dinge verzichten."

Die Artisten waren darüber enttäuscht. Da kam Cannonball mit seinem Rucksack auf dem Rücken vorbei.

„Wohin des Weges?" fragte ihn der Zirkusdirektor. „In zwei Stunden beginnt die nächste Vorführung!"

„Ohne mich", sagte Cannonball. „Ich mache mich auf die Suche nach Atlas."

Die Zwillinge mochten Cannonball, und sie waren traurig darüber, dass er wegging.

„Warum willst du Atlas denn suchen?" fragte Ethan.

„Wenn dieser Zirkus jemals wieder erfolgreich sein soll, geht das nur mit ihm", antwortete Cannonball. „Und die Clowns müssen endlich verstehen, dass manche Fähigkeiten wertvoller sind als andere. Nichts gegen euch, Kinder. Aber ein Clown zu sein, ist wesentlich leichter als so ein Muskelmann. Es ist wesentlich schwieriger, jemanden zu finden, der das Talent hat, Atlas zu ersetzen. Deswegen ist Atlas für den Zirkus besonders wertvoll."

„Die Typen hier haben die besonderen Fähigkeiten von Atlas nie wirklich gewürdigt", ergänzte Cannonball. „Klar, er bekam Massagen, besseres Essen und auch mehr Geld. Aber er hatte das alles *verdient*. Und das verstehen die Clowns nicht."

Nach diesen Worten ging Cannonball und der Zirkus hatte wieder eine Person weniger.

Ethan und Emily waren besorgt über diese Ereignisse. Ihre Zeit beim Zirkus hatte so lustig begonnen und sich jetzt zu einem Drama entwickelt. Sie fragten sich wieder, welche Seite Recht hatte – die Clowns und der Zirkusdirektor oder Atlas und Cannonball?

„Macht euch keine Gedanken", sagte Kroogie den Zwillingen. „Der Zirkus kann gut und gerne auf ihn verzichten. Wir haben doch euch!"

„Ich bin mir da nicht so sicher", antwortete Emily. „Wenn noch mehr Leute weggehen, gibt es bald gar keinen Zirkus mehr."

Nach der Abendvorstellung erzählten die Zwillinge ihren Eltern alles, was sie an diesem Tag erlebt hatten.

„Das klingt ganz so, als ob der Zirkus jetzt mehr konsumiert als er produziert", antwortete Mr. Tuttle.

Die Zwillinge waren verwirrt. „Was meinst du damit?" fragte Ethan.

„Nun, *produzieren* bedeutet, dass man etwas herstellt. *Konsumieren* ist, wenn Dinge verbraucht werden", erklärte Mr. Tuttle.

„Der Zirkus produziert etwas, das andere Leute konsumieren möchten, in diesem Falle Unterhaltung", ergänzte er. „Ohne Atlas wird weniger produziert. Daher wollen weniger Menschen dafür bezahlen und dieses kleinere Angebot ‚konsumieren'."

„Die Clowns wollen dann auch noch die Extras von Atlas konsumieren", schaltete sich Mrs. Tuttle ein. „Aber sie sind selbst nicht in der Lage, genug zu produzieren, um das alles zu bezahlen."

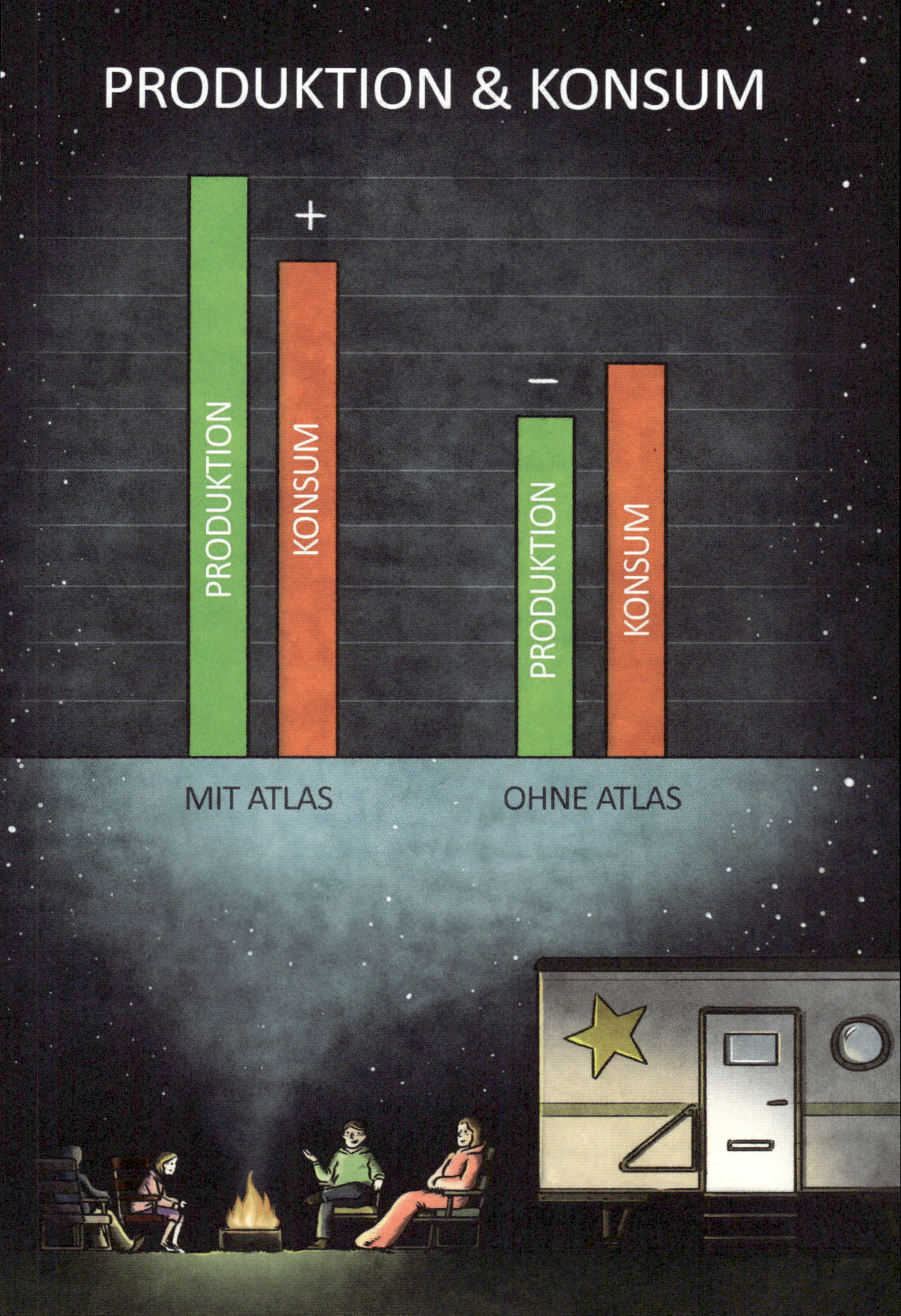
PRODUKTION & KONSUM
+
PRODUKTION
KONSUM
–
PRODUKTION
KONSUM
MIT ATLAS
OHNE ATLAS

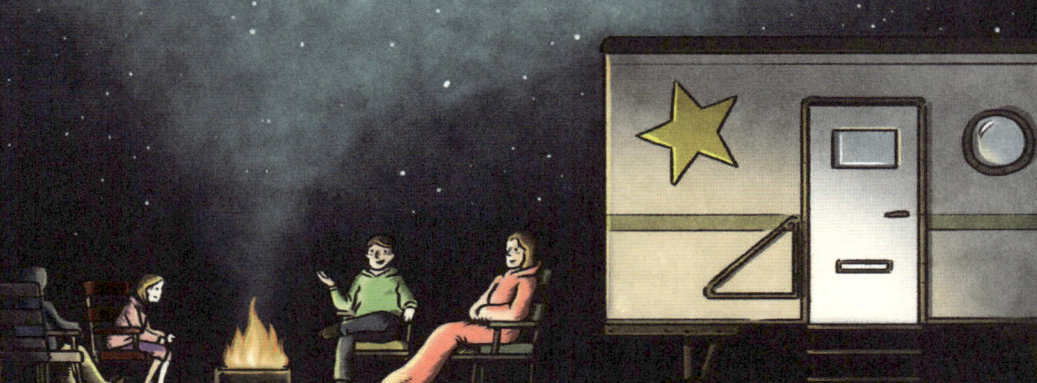

Als die Zirkusprobe am nächsten Morgen begann, hatten sich die Zwillinge ihre Meinung gebildet. „Wir sind heute nicht dabei," teilte Emily der Gruppe mit. „Wir suchen Atlas."

Kroogie schaute bestürzt drein und der Zirkusdirektor stöhnte. „Nicht noch welche", sagte er leise zu sich selbst.

„Aber ihr gehört doch zu uns", sagte Kroogie. Auch sein angeschminktes Lachen konnte die Betroffenheit nicht verbergen. „Ihr seid doch Clowns!"

„Sie mögen wohl Clowns sein, aber keine Dummköpfe!"

Kroogie drehte sich um, um zu sehen, wer das gesagt hatte. Er hatte die Stimme mit einem russischen Akzent nicht gleich erkannt. Es war Alexander, der Klavierspieler. Er sprach nur sehr selten.

„So so", sagte Kroogie. „Wer glaubst du eigentlich zu sein, um das beurteilen zu können?"

„Jemand, der sich in Geschichte auskennt", antwortete Alexander. „Ihr Clowns wollt den gleichen Lohn wie Atlas, der Star, obwohl ihr nicht so viel zum Erfolg des Zirkus beitragt wie er. Diese Denkweise hat damals meine Heimat Russland zerstört."

„Es war ein schrecklicher Fehler", ergänzte er. „Meine Familie lebte in Armut und ist schließlich geflohen. Jetzt sehe ich genau die gleiche Entwicklung hier im Zirkus."

Er wandte sich an die Zwillinge: „Ihr müsst Atlas finden. Sagt ihm, dass wir dafür sorgen, dass er vom Zirkusdirektor all das bekommt, was er verdient, wenn er nur zurück kommt."

Ethan blickte zum Zirkusdirektor und sah, wie der frustriert seine Faust ballte. „Ich werde darüber nachdenken", sagte dieser knapp.

Sogleich machte sich Familie Tuttle auf die Suche. Mrs. Tuttle fuhr mit Ethan und Emily durch die Stadt. Sie hatten Flugblätter gedruckt, die sie überall verteilten und an Straßenlaternen, Bushaltestellen und an die Schaufenster von Geschäften klebten.

Mr. Tuttle ging durch die Läden, zeigte überall ein Foto von Atlas und fragte, ob ihn irgendjemand gesehen hätte.

„Moment mal", sagte Ethan. „Atlas ist doch nicht von hier. Er ist mit dem Zirkus in unsere Stadt gekommen. Richtig?"

„Dann ist er vielleicht nach Hause gefahren?" überlegte Emily.

„Nein, er ist noch hier", antwortete Mr. Tuttle, als er aus dem Frisörladen kam. „Der Frisör hat ihn gestern noch gesehen. Und ich glaube, ich weiß auch, wo wir ihn finden können", ergänzte er.

Daraufhin fuhr Familie Tuttle mit ihrem Auto zu einem Fitnessstudio am Stadtrand. Sofort liefen die Zwillinge durch die Reihen voller Laufbänder und Trainingsgeräte.

„Da drüben!" rief Emily und zeigte auf den Kraftraum auf der anderen Seite.

Dort erblickten sie einen großen Mann, der neben einem viel kleineren saß. Es war Atlas. Und Cannonball hatte ihn also auch gefunden.

„Schaut, wer da ist!" sagte ihr kleiner Freund und klatschte in die Hände. „Ich habe diesen Kerl gestern in einem Restaurant gefunden, wo er sich an einem Buffet den Bauch vollgeschlagen hat", sagte er und grinste.

„Das stimmt", sagte Atlas und winkte den Zwillingen zu. „Ich habe wirklich eine ganze Menge gegessen."

„Atlas, mit dem Zirkus geht es bergab, seit du nicht mehr da bist", sagte Ethan.

„Das geschieht ihnen recht", antwortet Atlas. „Diese Leute sollen damit aufhören, sich als *Opfer* darzustellen. Als wenn ihnen irgendjemand etwas angetan hätte! Dabei leiden sie nur unter ihrer Faulheit, die sie selbst zu verantworten haben, und durch ihren Neid."

„Aber anscheinend hast du eine Sonderbehandlung bekommen, was unfair gegenüber anderen ist", meinte Emily. „Ist das nicht etwas egoistisch?"

Er dachte einen Moment nach. Dann setzte Atlas die Zwillinge auf eine Langhantel. Mrs. Tuttle schaute etwas ängstlich zu, als er sie damit in die Höhe hob.

„Warst du schon immer so stark?" fragte Ethan, während er und seine Schwester auf und ab gehoben wurden.

„Nein, überhaupt nicht", antwortet er. „Früher war ich ein Clown wie ihr."

„Was?" rief Emily zurück. „Das gibt's doch nicht."

„Doch, es stimmt", sagte Cannonball. „Herkules, unser voriger Muskelmann, war von Atlas' *Arbeitsmoral* – also seiner Überzeugung, dass es sich lohnt, sich wirklich anzustrengen – so beeindruckt. Bevor er in Rente ging, hat er ihm angeboten, ihn zu trainieren, damit Atlas sein Nachfolger werden könnte."

„Damals war Atlas noch sehr viel dünner als heute!" ergänzte Cannonball und knuffte seinen großen Freund mit dem Ellbogen.

„Ich musste härter arbeiten als irgendjemand sonst im Zirkus", erklärte Atlas. „Jeden Morgen hatte ich solche Schmerzen, dass ich mich kaum bewegen konnte", ergänzte er und spannte seine dicken Muskeln an. „Um solche Muskeln zu bekommen, muss man viel essen, und es braucht eine ganz spezielle Ernährung."

Jetzt verstanden die Zwillinge, dass es sehr viel anstrengender war, ein Muskelmann zu werden als ein Clown.

„All die Jahre harter Arbeit und Aufopferung haben sich gelohnt", sagte Cannonball. „Mit Atlas als Star des Zirkus verkauften wir mehr Eintrittskarten als jemals zuvor."

„Aber die Stuntmen, die Akrobaten und die Clowns geben doch auch ihr Bestes", sagte Emily und blickte zu Atlas. „Warum solltest du dann mehr verdienen als sie?"

Atlas setzte die Zwillinge auf eine Bank und erklärte ihnen: „Der Wert jeder Sache hängt von *Angebot* und Nachfrage ab. Das Angebot sagt aus, wie selten etwas ist. Wenn Dinge reichlich vorhanden sind, werden die Leute nicht so viel dafür bezahlen."

Atlas nahm eine Wasserflasche aus seiner Tasche. „Dafür würdet ihr keine € 20 bezahlen, weil es hier Wasser im Überfluss gibt. Dort drüben ist ein Wasserspender. Da gibt es das Wasser sogar kostenlos. Aber wie wäre es in der Wüste, wo es keinerlei Wasser gibt?"

Ethan stellte sich vor, wie er allein und mit trockenen Lippen in der Wüste kurz vor dem Zusammenbruch wäre. „Dann würde ich sicher noch viel mehr als € 20 bezahlen, um etwas Wasser zu bekommen", sagte er.

NACHFRAGE

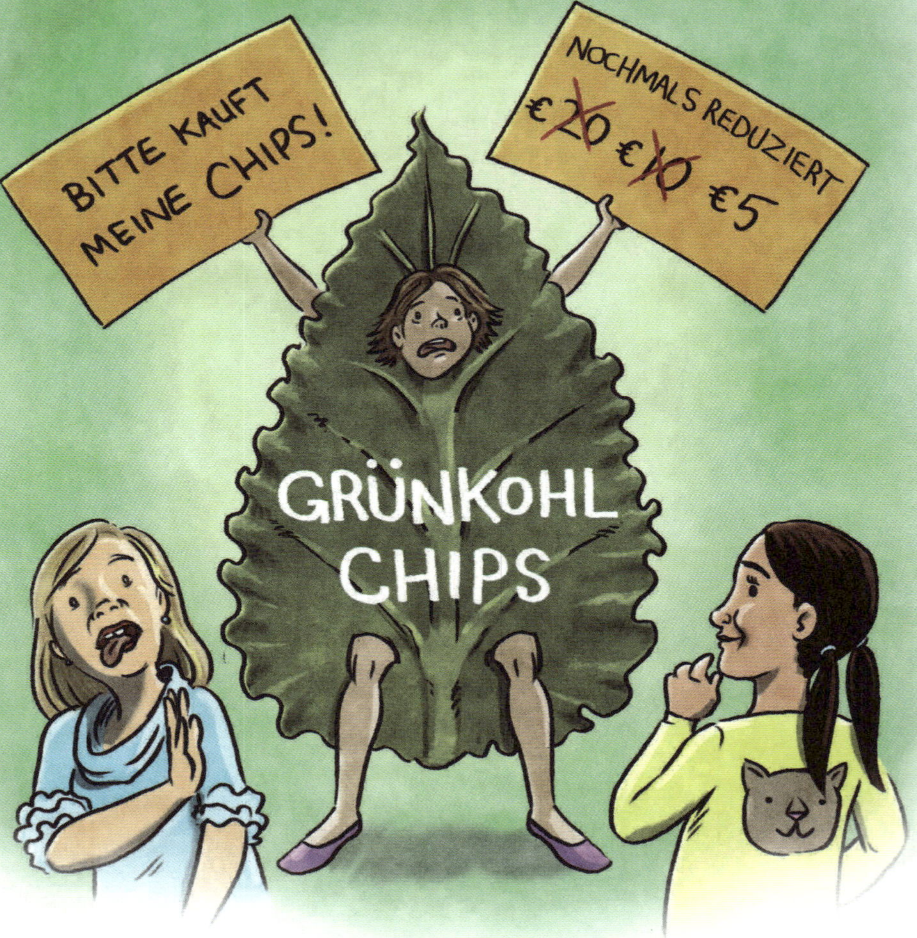
BITTE KAUFT MEINE CHIPS!
NOCHMALS REDUZIERT
€20 €10 €5
GRÜNKOHL CHIPS

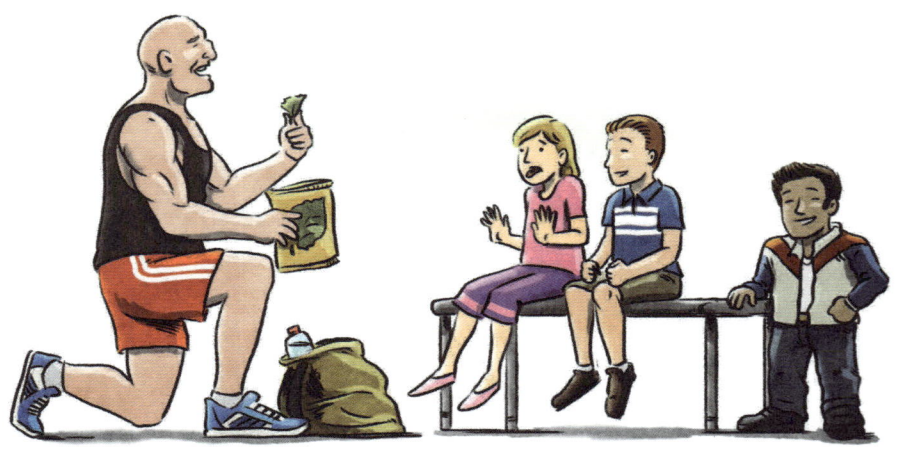

Atlas grinste. „Das würde ich auch – und das nennt man *Nachfrage*. Die Nachfrage gibt an, wie viele Leute eine Sache haben möchten." Er griff in seine Tasche. „Diese Grünkohlchips gab es heute im Angebot. Würdet ihr dafür € 20 bezahlen?"

Emily schüttelte sich. „Die würde ich nicht einmal essen, wenn ich € 20 dafür bekäme", sagte sie.

„Vermutlich waren sie deshalb reduziert", scherzte Cannonball. „Die Konsumenten wollten sie nicht zum normalen Preis kaufen. Das zeigt den Produzenten, dass sie den Preis reduzieren oder aber ein anderes Produkt anbieten müssen, das den Kunden mehr wert ist."

„Meine Arbeit wurde hoch bezahlt, weil es eine entsprechende Nachfrage gab", sagte Atlas. „Alles war in Ordnung! Aber die Clowns wollten im Grunde *Sozialismus*. Sie wollten gleichen Lohn für alle, egal was und wieviel die Leute produzierten."

„Davon hat Alexander schon erzählt", antwortete Emily. „Er sagte, dass die Probleme im Zirkus die gleichen sind wie damals in Russland."

GLEICHE LÖHNE

„Das ist das Problem beim Sozialismus", sagte Mr. Tuttle. „Wenn jeder gleich bezahlt wird, wie soll man dann wissen, was wirklich wertvoll ist? Und warum sollte jemand dann so hart arbeiten, um ein Muskelmann zu werden, wenn er als Clown deutlich leichter genauso viel Geld bekommt? Im Sozialismus wird der *Anreiz*, sich anzustrengen, geschwächt."

„Wenn besondere Leistung nicht honoriert würde, hätte der Zirkus jede Menge Clowns, aber keinen Muskelmann", ergänzte Cannonball und zog eine Grimasse wie ein Clown.

„Alexander hatte Recht", stellte Mrs. Tuttle fest.

FAIRE LÖHNE

„Nach Einführung des Sozialismus in Russland dauerte es nicht lange, bis alle mehr konsumierten, als sie produzierten. Es gab so wenig zu essen, dass die Menschen in langen Schlangen anstehen mussten, damit jeder die kleine, für alle gleiche Menge an Nahrungsmitteln bekam."

„Deswegen ist die *Selbstverantwortung* so wichtig", sagte Atlas. „Jeder von uns sollte sich an den Früchten seiner Arbeit erfreuen können. Jeder sollte aber auch die Konsequenzen spüren, wenn er faul ist oder schlecht arbeitet. So lassen sich Probleme wie in Russland oder wie im Moment beim Zirkus vermeiden."

„Jetzt wisst ihr also, warum Atlas der wertvollste Artist im Zirkus ist – weil das Angebot so knapp ist!" sagte Cannonball. „Ihr werdet kaum jemanden finden, der stärker ist als er. Er arbeitet für fünf. Und seinetwegen kommen die meisten Leute zu uns."

„Aber die Clowns verstehen das Prinzip von Angebot und Nachfrage nicht", ergänzte Atlas. „Sie fordern viel Geld, ohne hart dafür zu arbeiten. *Das* ist egoistisch!"

Das hätten die Zwillinge nicht gedacht, dass es eigentlich die Clowns waren, die sich in Wahrheit egoistisch verhielten, und nicht etwa Atlas.

„Ich habe gekündigt, weil es für mich unerträglich war, nur von Menschen umgeben zu sein, die sich als Opfer fühlen", sagte er.

„Und wenn wir den Zirkusdirektor und die Clowns dazu brächten, ihre Meinung zu ändern?" fragte Ethan.

„Das wäre einen Versuch wert", antwortete Atlas. „Aber wie?"

„Meine Frau und ich werden deine Rückkehr überall ankündigen", sagte Mr. Tuttle. „Dann wird die Vorstellung heute Abend ausverkauft sein. Daran sollten auch der Zirkusdirektor und die Clowns erkennen, wie wertvoll du für den Zirkus bist."

Die Karten verkauften sich blitzschnell an diesem Abend und die Besucher strömten ins Zirkuszelt.

Mr. und Mrs. Tuttle signalisierten ihren Kindern mit einem erhobenen Daumen, dass ihr Plan aufgegangen war.

Emily versuchte, ein Grinsen zu unterdrücken, als sie die Verwunderung des Zirkusdirektors darüber sah, dass so viele Menschen gekommen waren.

Alle Artisten waren von den vielen Zuschauern wie elektrisiert. Das gab ihnen zusätzlich Ansporn, sich besonders anzustrengen.

Die Clowns schlugen Räder rund um den Elefanten, während dieser Wasser ins Publikum spritzte. Nur Alexander bemerkte, dass dieser plötzlich gegen einen der Zeltpfeiler stieß.

„Vorsicht!" schrie Alexander und zeigte auf den Pfeiler. Ohne Atlas hatte es die Aufbaumannschaft nicht geschafft, den Pfeiler fest genug zu verankern. Denn das war schließlich Schwerstarbeit. Es sah fast so aus, als würde das Zelt über dem Publikum zusammenstürzen.

Cannonball entschloss sich, zu improvisieren. Ruckzuck entzündete er die Lunte und kletterte in das Innere der Kanone. KRAWUMM! „Hier kommt Atlas der Starke!" rief er, als er durch die Luft flog.

Der berühmte Muskelmann sprang aus den Publikumsreihen, schubste Kroogie beiseite und stürzte auf den Pfeiler zu. Er ergriff ihn, stöhnte laut und drückte den Pfeiler dann fest in seine Verankerung.

Applaus brauste auf, und das Publikum verfiel in einen Sturm der Begeisterung. Alle freuten sich, dass der Star des Zirkus wieder da war und zeigten sich schwer beeindruckt, dass er den umstürzenden Pfeiler aufgehalten hatte.

„Atlas hat euch das Leben gerettet!" sagte Emily zu Kroogie und versetzte ihm einen sanften Stoß in die Rippen.

„Es scheint, als hätte er außerdem auch den Zirkus gerettet", ergänzte der Clown mit einem Blick auf die lückenlos besetzten Plätze.

Der Zirkusdirektor trat vor und schüttelte Atlas die Hand. „Ich habe mich geirrt", bekannte er. „Es tut mir leid. Ich werde dich bezahlen, wie du es verdienst, und du sollst auch deine Extras behalten. Steigst du wieder ein?"

Atlas zwinkerte den Zwillingen zu, und diese hielten ihm einen Daumen hoch.

„Aber klar, warum denn nicht?" meinte Atlas und zuckte mit den Schultern. "Der Streik ist beendet."

Ende

„Es liegt in der metaphysischen Natur des Menschen, dass er sein Leben mittels eigener Anstrengung meistern muss. Die Dinge, die er braucht – wie Wohlstand oder Wissen – werden ihm nicht einfach von der Natur gegeben, sondern er muss sie durch eigenes Denken und eigene Arbeit entdecken und sich verdienen."

—Ayn Rand

Ayn Rand vermittelt ihre wirtschaftsphilosophischen Ideen in faszinierenden Romanen. In „Der Streik" (im Original: ‚Atlas Shrugged') zeigt sie die katastrophalen Folgen einer Gesellschaft, die sich zum Sozialismus hin entwickelt und diejenigen bekämpft, die am meisten zum Gemeinwohl beitragen: die Erfinder und Unternehmer.

Dieses millionenfach gelesene Buch zeigt insbesondere die Auswirkungen von Regulierungen auf das Individuum sowie auf die Gesellschaft als Ganze.

Mit der vielfach wiederholten Frage „Wer ist John Galt?" erklärt Rand die Bedeutung der Freiheit für Individuen, eigene Ziele zu verfolgen und von den Gewinnen zu profitieren. Sie schreibt: „Nur ein Geist kann ohne Sacheigentum existieren. Nur Sklaven bleibt das Recht auf die Erträge ihrer eigenen Arbeit versagt."

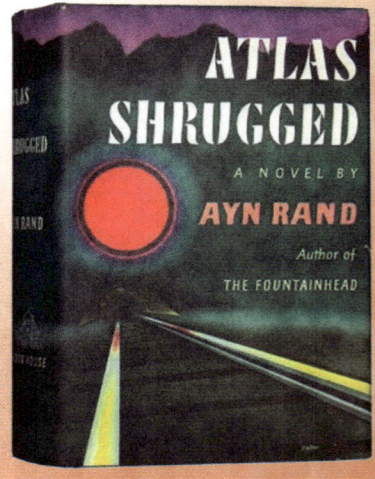

Der Autor

Connor Boyack ist Präsident des Libertas Institute, einer öffentlichen Denkfabrik in Utah (USA). Er hat mehrere Bücher über Politik und Religion geschrieben sowie hunderte von Artikeln, in denen er sich für die persönliche Freiheit einsetzt. Über seine Arbeit wurde national und international in Radio, Fernsehen und Zeitschriften berichtet.

Er wurde in Kalifornien geboren und hat an der Brigham Young University studiert. Er lebt zusammen mit seiner Frau und seinen zwei Kindern in Lehi (Utah).

Der Zeichner

Elijah Stanfield ist Inhaber des Medienunternehmens Red House Motion Imaging in Washington.

Er beschäftigt sich seit langem mit der Österreichischen Schule der Nationalökonomie, mit Geschichte und mit der Philosophie des klassischen Liberalismus. Mit großem Engagement widmet er sich der Verbreitung der Ideen von freien Märkten sowie der persönlichen Freiheit. Für die Kampagne zur Bewerbung des libertären Politikers Ron Paul als amerikanischer Präsident im Jahr 2012 hat er acht Videos produziert. Er lebt mit seiner Frau und ihren fünf Kindern in Richland (Washington).

Besucht uns auch auf TuttleTwins.com oder kinder-der-freiheit.com!

Glossar

Angebot: die Verfügbarkeit eines Produktes oder einer Dienstleistung für den Konsum

Anreiz: etwas, das jemanden zu einer bestimmten Sache ermutigt oder motiviert

Arbeitsmoral: der Glaube daran, dass es tugendhaft und wichtig ist, sich anzustrengen

konsumieren: ein Produkt oder eine Dienstleistung gebrauchen

Nachfrage: das Verlangen der Konsumenten nach einem Produkt oder einer Dienstleistung

Opfer: eine Person, die von jemand anderem verletzt wurde

produzieren: ein Produkt oder eine Dienstleistung herstellen

Selbstverantwortung: die Konsequenzen deiner Entscheidungen tragen und sich gut und richtig verhalten

Sozialismus: ein politisches und ökonomisches System, das Menschen mit Gütern oder Einkommen unabhängig von ihrer persönlichen Leistung versorgt

Fragen zur Diskussion

1. War Atlas egoistisch?
2. Hat irgendjemand anderes Anspruch auf die Ergebnisse deiner Arbeit?
3. Welche Anreize gibt es, um dich zu großer Anstrengung zu motivieren?
4. Was produzierst du?
5. Hätte der Zirkus auch ohne Atlas überleben können? Warum oder warum nicht?
6. Warum verhielten sich die Clowns wie Opfer?